HAN FEIZI
BIOGRAPHY

韩非子传记

中国历史名人传记

QING QING JIANG
江清清

PREFACE

I am excited to welcome you to the Chinese Biography series. In this series, we will discover lives of some of the most famous people from Chinese history. Each book will introduce a famous Chinese personality whose contributions were immense to shape China's future. The books in Biography series contain numerous lessons in Mandarin Chinese. We start with a brief introduction of the book in the preface (前言), a bit detailed introduction to the person, and continue to dig his life and relevant issues. Each book contains 6 to 10 chapters made of simple Chinese sentences. For the readers' convenience, a comprehensive vocabulary has been provided at the beginning of each chapter. The pinyin for the Chinese text is provided after the main text. Further, to enforce a deeper Chinese learning, the English interpretation of the Chinese text has been purposely excluded from the books. This would help the readers think deeply about the contents the way native Chinese do! In order to help the students of Mandarin Chinese remember important characters, words, long words, idioms, etc., these entities have been purposely repeated throughout the book, and across the books in the series. Taken together, the books in Biography series will tremendously help readers improve their Chinese reading skills.

If you have any questions, suggestions, and feedbacks, feel free to let me know in the review or comments.

You can find more about China and Chinese culture on my blog and Amazon homepage.

I blog at:

www.QuoraChinese.com

-Qing Qing

江清清

©2023 Qing Qing Jiang

All rights reserved.

MOST FAMOUS &

TOP INFLUENTIAL PEOPLE IN

CHINESE HISTORY

SELF-LEARN READING

MANDARIN CHINESE, VOCABULARY,

EASY SENTENCES,

HSK ALL LEVELS

(PINYIN, SIMPLIFIED CHARACTERS)

ACKNOWLEDGMENTS

I am a blogger. It has been a long and interesting journey since I started blogging quite a few years ago.

The blogging passion enabled me to write useful contents. In particular, I have been writing about China, and its culture.

My passion in writing was supported by my friends, colleagues, and most importantly, the almighty.

I thank everyone for constantly inspiring me in my life endeavours.

CONTENTS

PREFACE 2
ACKNOWLEDGMENTS 4
CONTENTS 5
LIFE (人物生平) 7
BRIEF INTRODUCTION (简介) 14
LIFE BACKGROUND (生活背景) 17
POLITICAL THOUGHTS (政治思想) 20
PHILOSOPHICAL THOUGHTS (哲学思想及传播理念) 25
Tao (道) 29
"GO DEEP INTO" DOCTRINE (深入教义) 33
REPUTATION (韩非的明君令名自名，事自定) 37
TWO HANDS ("两只手"的说法) 44

前言

韩非子，韦德斯罗马化韩非子（中文："韩非大师"），（约生于中国 280 年，卒于公元前 233 年，中国），中国最伟大的法家哲学家。他关于专制政府的文章给秦王留下了深刻印象，以至于未来的皇帝在公元前 221 年夺取政权后采用了这些原则。以他的名字命名的《韩非子》一书，包括了截至他那个时代的法律理论的综合。

Hánfēizi, wéi dé sī luómǎ huà hánfēizi (zhōngwén:"Hán fēi dàshī"),(yuē shēng yú zhōngguó 280 nián, zú yú gōngyuán qián 233 nián, zhōngguó), zhōngguó zuì wěidà de fǎ jiā zhéxué jiā. Tā guānyú zhuānzhì zhèngfǔ de wénzhāng gěi qínwáng liú xiàle shēnkè yìnxiàng, yǐ zhìyú wèilái de huángdì zài gōngyuán qián 221 nián duóqǔ zhèngquán hòu cǎiyòngle zhèxiē yuánzé. Yǐ tā de míngzì mìngmíng de "hánfēizi" yī shū, bāokuòle jiézhì tā nàgè shídài de fǎlǜ lǐlùn de zònghé.

LIFE (人物生平)

Han Fei (韩非, ~280 BC-233 BC), also known as Han Feizi (韩非子), was an ancient Chinese thinker (思想家), philosopher (哲学家), and legalist (法家) during the Warring States Period. His theories formed the foundation of the ideological basis for the ruling class to govern the country during the Chinese feudal society (封建社会).

Later generations regard him as the Master of Legalist Thought (法家思想的集大成者).

The name of Han Fei's father is still debatable. Some scholars believe that Han Fei was the second son of the King Xiang of Han (韩襄王/韩仓, ?-296 BC). It is generally agreed that Han Fei was born in the noble family in Xinzheng, the capital of Han State (韩国新郑), located in the modern Henan province. Han Fei was not good at oratory skills, but was good at writing. Han Fei had an introverted personality; however, his brain was very clever. Han Fei and Li Si (李斯, ?~208 BC) were both students of the Confucian master Xun Qing (荀卿/荀子, Xunzi, 313 BC-238 BC). He was erudite and versatile and Li Si often felt inferior to him.

During his early age (about 275 BC), the Han State was going through a very difficult time. Han Fei often worried about the political issues. So, he began to read miscellaneous books to understand the political system better. He read many books, including the Books of History 《尚书》.

In the year 262 BC, the Qin general Bai Qi (秦将白起) led his troops to attack the Han State. He quickly captured fifty cities. The Han ruling class began to fall apart. During this time, the young Han Fei began to write books.

Around the year 257 BC, Han Fei used to be worried that selfish and unworthy people were promoted in the official ranks, instead of the people with merits. He hated that he could do nothing about the appointment of meritorious people to govern the country. He wrote down his thoughts in his essays and books.

In the Chinese history, the birth of Qin Empire/ Dynasty (秦朝, 221 BC-207 BC), the first unified empire, was of a grand significance. Although Han Fei was not from Qin, he unintentionally became a prominent promoter of Qin's unification of the six warring states (六国).

Well, Han Fei lived in an era which was the end of the Warring States period. The monarchs of all countries wanted to dominate and fought for hegemony. The lobbyists and strategists were trying to influence the ruling monarchs. Han Fei witnessed the poverty and weakness of Han State. In fact, the Han State was the weakest country among the Seven Warring States (七国). It had been bullied by its neighboring states for a long time, and was always in danger of being annexed by neighboring powers.

Han Fei wrote to King of Han many times, sending proposals to implement the reforms (such as reforming the political system), enrich the country, strengthen the army, take the path of enriching the people, and strengthening the country. He hoped to change the situation of governing the country. However, his proposals were not accepted. Since his suggestion was not adopted by the King of Han, he had to retreat and write essays to clarify his thoughts.

After Han Fei's series of articles such as "Cynicism Of The World And Its Ways" 《孤愤》 (nearly 2000 characters), and "Five Beetles" 《五蠹》 (nearly 4,700 characters) spread to the Qin state, Ying Zheng (嬴政), the King of Qin (秦王), read them and greatly appreciated them. The King of Qin admired Han Fei's talent very much.

The reason why Han Fei was able to attract the King of Qin lies in his historical view of keeping pace with the times. He believed that history was constantly developing and progressing. He advocated that "when the world is different, things are different; and when things are different, they are ready to change". Indeed, he advocated to formulate policies, according to the existing realities.

He opined that people often carry evil intentions and it'd be easy for them to act irrationally. He felt that only by using the law to restrain and punish the people, the monarchs can get rid of bad people from the very beginning. He also believed that the power of the state should be concentrated in the hands of the monarch. He advocated that a monarch must have absolute power in order to govern the country.

Han Fei very clearly summed up the unified and inseparable connection between law, art, and power. He proposed that in order to carry out the political reforms and establish a powerful state, it was necessary to reform the law and implement the rule of law. To implement the rule of law, political power must be concentrated in the hands of the monarch. He advocated that the rulers must have power. However, if there is law and power without ruling skills (art), power will fall, and the ruler will not benefit from it. So, the rulers must have the necessary skills to rule. Han Fei believed that the laws form the fundamental guidelines for governing a country. It is the fundamental law that all subjects must abide by. Han Fei advocated that the rule of law should be strictly enforced, and the selection of officials should be strictly assessed. Han Fei also inherited the earlier legalist Shang Yang's (商鞅, ~390 BC-338 BC) view of using punishment for criminals, and generous rewards for meritorious people.

When Qin Shihuang, real name Ying Zheng (嬴政), then king of the Qin State, first got to know about some of Han Fei's works, he almost immediately took them as a "Guide to Dominance", as the suggestions were so unique and appealing. King of Qin very much liked the ideas of Han Fei.

In fact, one day, King Ying Zheng of Qin read an essay by Han Fei in the court hall. He was very impressed and said something very emotional: "If I could meet this person, and have a conversation with him, I can learn a lot from him!"

At that time, Li Si, who had defected to Qin State, was the Prime Minister of Qin Dynasty (秦朝丞相). When the king read the essay, Li Si was sitting in front of him. In order to please King of Qin, Li Si, hurriedly reported that Han Fei was his classmate, and went to the Han State to invite him in person. However, Han Fei refused to leave the Han State. It was a pity that King of Han regarded his own precious jade, Han Fei, as a lump.

The Qin State sent troops to attack Han only for Han Fei.

When Qin State attacked the Han State, King of Han hurriedly offered Han Fei to Qin so as to pacify the war situation. That's how Han Fei came to Qin State. He unintentionally accelerated the pace of China's reunification.

Unfortunately, Han Fei's stay in the Qin was quite short, less than a year.

The King of Qin was very happy after getting Han Fei, and ordered Li Si to organize his subordinates to study Han Fei's Legalist theories immediately, to try to reform the law in Qin State, and to speed up the pace of the unification of the world. This made Li Si, who was the prime minister of the Qin state at the time, very jealous. So, together with the minister Yao Jia (姚贾), he spoke ill of Han Fei in front of the King of Qin and waited for an opportunity to put him to death.

Indeed, Li Si was afraid that Han Fei would gain power and seize a high official position. He conspired and told bad things about Han Fei to the King of Qin. The king listened to Li Si's words and sent Han Fei to prison. Han Fei requested to meet the king, but he was not given permission. Li Si sent poison to Han Fei, forcing him to commit suicide. Han Fei, who had just witnessed the chaotic phase of Warring States, was killed by Li Si's jealousy within less than a year after he arrived in Qin. Soon, the king of Qin regretted, however, by the time Han Fei was forgiven for his "sins", he was already dead.

Scholars generally agree that Han Fei committed suicide by taking poison not long after he was put in prison, and it was his classmate Li Si who gave him the poison. In other words, Han Fei was conspired to death by Li Si and Yao Jia, and had nothing to do with Qin King Yingzheng.

In Chinese history, Han Fei's theories stands out among hundreds of schools of thought. He is also known as "Han Feizi" because of his great achievements in legalism. People like Confucius (孔子, Kongzi), Mencius (孟子, Mengzi), Han Fizi, and Xunzi (荀子), all carry suffix "Zi" as their contributions were of immense significance in the Chinese history.

Han Feizi inherited, supplemented, and developed Lao Tzu's ideas of Taoism. He believed that "Dao" is the general source of all things in the universe.

For more than two thousand years, Han Fei's contributions have aroused the attention of the countless scholars.

He produced great articles of that time, such as "Cynicism Of The World And Its Ways" 《孤愤》, "Five Beetles" 《五蠹》, "Internal and External Reserves" 《内外储》, and "Shuo Lin" 《说林》, producing articles over of 100,000 characters. He comprehensively and systematically expounded his thought on the rule of law, and expressed his grievances and anger in very rational ways.

Some of the famous Chinese idioms were created by Han Fei:

- 远水不救近火 (yuǎn shuǐ bù jiù jìn huǒ): A delayed remedy does not help in an emergency.
- 华而不实 (huá ér bù shí): Produce flowers, but bear no fruits; be flashy without substance.
- 唇亡齿寒 (chún wáng chǐ hán): If the lips are gone, the teeth will be cold; interdependence; share a common lot.
- 自相矛盾 (zì xiāng máo dùn): self-contradiction; argue against oneself.

- 深不可测 (shēn bù kě cè): Have no bottom; too deep to be fathomable; fathomless
- 长袖善舞 (cháng xiù shàn wǔ): Long sleeves are an advantage in a dance; to be resourceful; be socially active.
- 吹毛求疵 (chuī máo qiú cī): Blow apart the hairs upon a fur to discover any defect; be faultfinding; criticize unfairly.

BRIEF INTRODUCTION (简介)

1	致力于	Zhìlì yú	Apply oneself to; be devoted to; direct somebody's energies to; bend somebody's efforts for
2	治国	Zhìguó	Administer a country; manage state affairs
3	人性	Rénxìng	Human nature; humanity; normal human feelings; reason
4	君主	Jūnzhǔ	Monarch; sovereign
5	无为	Wúwéi	Letting things take their own course; inaction; inactivity
6	被动	Bèidòng	Passive; inactive; passivity
7	系统地	Xìtǒng de	Systematically
8	使用法	Shǐyòng fǎ	Method of use/application
9	人力资源	Rénlì zīyuán	Human resources
10	正义	Zhèngyì	Justice; just; righteous; proper sense
11	与其	Yǔqí	Rather than; better than
12	过分	Guòfèn	Excessive; undue; bellyful; go too far
13	不值得	Bù zhídé	Unworthy; It's not worth it; not worthwhile
14	信任	Xìnrèn	Trust; have confidence in; believe in; take stock in
15	贵族	Guìzú	Noble; nobleman; aristocrat; nobility
16	韩愈	Hányù	Han Yu, a Leading Tang statesman, philosopher, and poet; a venerated literary figure (768-824)
17	他们的	Tāmen de	Their; theirs
18	既然	Jìrán	Since; as; now that

19	统治者	Tǒngzhì zhě	Ruler; sovereign
20	尽量	Jǐnliàng	To the full; to the best of one's ability; as far as possible
21	自己的	Zìjǐ de	Self
22	投入	Tóurù	Put into; throw into; input; investment in
23	法家	Fǎ jiā	Legalists
24	告诫	Gàojiè	Warn; admonish; enjoin; counsel
25	放弃	Fàngqì	Give up; abandon; renounce; back-out
26	大片	Dàpiàn	Sheet
27	领土	Lǐngtǔ	Territory
28	近在咫尺	Jìn zài zhǐchǐ	Be close at hand; a very short distance away

Chinese (中文)

韩非致力于治国，他描述了一种利益驱动的人性，以及为了国家和君主的利益与之合作的政治方法，即从事无为（被动观察）；以及建立和系统地使用法（法律、测量、统计）来维持领导和管理人力资源，利用它来增加福利，以及它与正义的关系。与其过分依赖可能不值得信任的贵族，韩愈将他们的方案（除了对事实的观察外，他不做任何判断）与系统的奖励和惩罚（"两把刀"）联系起来，通过给他们提供利益来捕捞国家的主体。既然如此，统治者就尽量减少自己的投入。像商鞅和其他法家一样，他告诫统治者不要为任何其他手段而放弃法，认为它是管理大片领土和近在咫尺的人员的更实用的手段。

Pinyin (拼音)

Hán fēi zhìlì yú zhìguó, tā miáoshùle yī zhǒng lìyì qūdòng de rénxìng, yǐjí wèile guójiā hé jūnzhǔ de lìyì yǔ zhī hézuò de zhèngzhì fāngfǎ, jí cóngshì wúwéi (bèidòng guānchá); yǐjí jiànlì hé xìtǒng dì shǐyòng fǎ (fǎlǜ, cèliáng, tǒngjì) lái wéichí lǐngdǎo hé guǎnlǐ rénlì zīyuán, lìyòng tā lái zēngjiā fúlì, yǐjí tā yǔ zhèngyì de guānxì. Yǔqí guòfèn yīlài kěnéng bù zhídé xìnrèn de guìzú, hányù jiāng tāmen de fāng'àn (chúle duì shìshí de guānchá wài, tā bù zuò rènhé pànduàn) yǔ xìtǒng de jiǎnglì hé chéngfá ("liǎng bǎ dāo") liánxì qǐlái, tōngguò gěi tāmen tígōng lìyì lái bǔlāo guójiā de zhǔtǐ. Jìrán rúcǐ, tǒngzhì zhě jiù jǐnliàng jiǎnshǎo zìjǐ de tóurù. Xiàng shāngyāng hé qítā fǎ jiā yì yàng, tā gàojiè tǒngzhì zhě bùyào wèi rènhé qítā shǒuduàn ér fàngqì fǎ, rènwéi tā shì guǎnlǐ dàpiàn lǐngtǔ hé jìn zài zhīchí de rényuán de gèng shíyòng de shǒuduàn.

LIFE BACKGROUND (生活背景)

1	汉朝	Hàn cháo	Han Dynasty
2	公元前	Gōngyuán qián	B.C. (Before Christ); B.C.E. (Before the Common Era)
3	发生冲突	Fāshēng chōngtú	Come to a clash; develop into a fight; conflicts occurred
4	战国	Zhànguó	Warring states
5	追随	Zhuīsuí	Follow
6	另一个	Lìng yīgè	Another
7	封建制度	Fēngjiàn zhìdù	Feudalism; feudal system
8	流派	Liúpài	School; sect
9	理睬	Lǐcǎi	Pay attention to; show interest in; take notice of; heed the presence of
10	自己的	Zìjǐ de	Self
11	据称	Jù chēng	Allegedly; according to reports/assertions; it is said
12	秦朝	Qín cháo	Qin Dynasty (221-206 B.C.)
13	第一个	Dì yī gè	First; the first; the first one
14	西方国家	Xīfāng guójiā	The Western countries
15	发动进攻	Fādòng jìngōng	Launch an attack; mount an attack
16	很高兴	Hěn gāoxìng	Delighted; very happy; With pleasure
17	博学	Bóxué	Learned; erudite; wide range of studies or learning; well-read

18	青睐	Qīnglài	Favor; good graces
19	两面派	Liǎngmiàn pài	Double-dealer
20	名将	Míngjiàng	Famous general; great soldier
21	关进	Guān jìn	Shut; impound; shut-in
22	监狱	Jiānyù	Prison; jail; slammer
23	遵从	Zūncóng	Defer to; comply with; follow
24	毒药	Dúyào	Poisonous substance; poison

Chinese (中文)

人们对韩非子的个人生活知之甚少。他是汉朝统治家族的成员，汉朝是公元前 5-3 世纪发生冲突的战国中较弱的国家之一，他曾在儒家哲学家荀子门下学习，但为了追随另一个更符合他那个时代封建制度崩溃情况的思想流派而抛弃了荀子。他发现自己对本国统治者的建议无人理睬，于是将自己的想法写成了文字。据称，语言上的缺陷也是促使他诉诸于写作的原因。公元前 221 年成为秦朝第一个皇帝的秦王（一个西方国家）阅读并欣赏了他的一些文章。公元前 234 年，郑国对汉国发动进攻，汉国统治者派遣韩非子与秦国进行谈判。郑国很高兴地接待了韩非子，可能打算给他一个高级政府职位。秦国的首席部长李斯是韩非子以前的同学，他可能担心韩非子会因为博学而得到秦王的青睐，于是以两面派的罪名将韩非子关进了监狱。韩非子遵从李斯的命令自杀，喝下了李斯送来的毒药，结束了自己的生命。

Pinyin (拼音)

Rénmen duì hánfēizi de gèrén shēnghuó zhīzhī shèn shǎo. Tā shì hàn cháo tǒngzhì jiāzú de chéngyuán, hàn cháo shì gōngyuán qián 5-3 shìjì fāshēng chōngtú de zhànguó zhōng jiào ruò de guójiā zhī yī, tā céng zài rújiā zhéxué jiā xúnzi ménxià xuéxí, dàn wèile zhuīsuí lìng yīgè gèng fúhé tā nàgè shídài fēngjiàn zhìdù bēngkuì qíngkuàng de sīxiǎng liúpài ér pāoqìle xúnzi. Tā fāxiàn zìjǐ duì běnguó tǒngzhì zhě de jiànyì wú rén lǐcǎi, yúshì jiāng zìjǐ de xiǎngfǎ xiěchéngle wénzì. Jù chēng, yǔyán shàng de quēxiàn yěshì cùshǐ tā sù zhū yú xiězuò de yuányīn. Gōngyuán qián 221 nián cheng wéi qín cháo dì yīgè huángdì de qínwáng (yīgè xīfāng guójiā) yuèdú bìng xīnshǎngle tā de yīxiē wénzhāng. Gōngyuán qián 234 nián, zhèng guó duì hàn guó fādòng jìngōng, hàn guó tǒngzhì zhě pàiqiǎn hánfēizi yǔ qín guó jìnxíng tánpàn. Zhèng guó hěn gāoxìng de jiēdàile hánfēizi, kěnéng dǎsuàn gěi tā yī gè gāojí zhèng fu zhíwèi. Qín guó de shǒuxí bùzhǎng lǐsī shì hán fēi zǐ yǐqián de tóngxué, tā kěnéng dānxīn hánfēizi huì yīnwèi bóxué ér dédào qínwáng de qīnglài, yúshì yǐ liǎngmiànpài de zuìmíng jiàng hán fēi zǐ guān jìnle jiānyù. Hánfēizi zūncóng lǐsī de mìnglìng zìshā, hē xiàle lǐsī sòng lái de dúyào, jiéshùle zìjǐ de shēngmìng.

POLITICAL THOUGHTS (政治思想)

1	不言而喻	Bù yán ér yù	It is self-evident; be an understood thing
2	儒家	Rújiā	The Confucian school
3	固守	Gùshǒu	Defend tenaciously; by firmly entrenched in
4	过时	Guòshí	Out-of-date; outmoded; obsolete; antiquated
5	愚蠢	Yúchǔn	Stupid; foolish; silly
6	情感	Qínggǎn	Feeling; affection; emotion; sentiment
7	饥荒	Jīhuang	Famine; crop failure
8	养活	Yǎnghuo	Feed; support; raise (animals); give birth to
9	自己的	Zìjǐ de	Self
10	富足	Fùzú	Plentiful; abundant; rich
11	宴请	Yànqǐng	Entertain; fete
12	在古代	Zài gǔdài	In ancient times; in the old days; in the ancient time
13	轻视	Qīngshì	Despise; look down on; set something at naught
14	匮乏	Kuìfá	Short; deficient
15	抢夺	Qiǎngduó	Snatch; wrest; seize; grab
16	作恶	Zuò'è	Do evil
17	自私	Zìsī	Selfish; self-centered; self-seeking
18	不知道	Bù zhīdào	A stranger to; have no idea; I don't know; No

19	不可靠	Bù kěkào	Unsoundness; uncertain; unreliable
20	说法	Shuōfǎ	A way of saying a thing; wording; formulation
21	美德	Měidé	Virtue; moral excellence
22	赋予	Fùyǔ	Give; endow; entrust
23	统治	Tǒngzhì	Rule; dominate; control; govern
24	权利失效	Quánlì shīxiào	Lapse of right
25	统治者	Tǒngzhì zhě	Ruler; sovereign
26	道德品质	Dàodé pǐnzhí	Moral character
27	服从	Fúcóng	Obey; submit to; be subordinated to; abide
28	筹码	Chóumǎ	Chip; counter
29	臣服	Chénfú	Submit oneself to the rule of; acknowledge allegiance to
30	世界上	Shìjiè shàng	On earth
31	不称职	Bù chènzhí	Incompetent; unfit for the job
32	臣民	Chénmín	Subjects of a feudal ruler
33	敢于	Gǎnyú	Dare to; be bold in; have the courage to
34	特权	Tèquán	Privilege; prerogative
35	政治责任	Zhèngzhì zérèn	Political responsibility
36	优先于	Yōuxiān yú	Have priority over; have the precedence of; take precedence of; take precedence over
37	战场	Zhànchǎng	Battlefield; battleground; battlefront
38	孝顺	Xiàoshùn	Show filial obedience; filial piety

39	叛徒	Pàntú	Traitor; renegade; turncoat; rebel
40	权力的行使	Quánlì de xíngshǐ	Exertion of power
41	异想天开	Yìxiǎng tiānkāi	Indulge in the wildest fantasy; ask for the moon; be a fanciful illusion; be all wet
42	颁布	Bānbù	Promulgate; issue; publish; proclaim
43	所有人	Suǒyǒu rén	Owner; proprietary; proprietor; proprietress; everyone
44	法律选择	Fǎlǜ xuǎnzé	Choice of law
45	任命	Rènmìng	Commission; designate; appoint; nominate
46	衡量	Héngliáng	Weigh; measure; judge; measurement
47	功绩	Gōngjī	Merits and achievements; contribution; feats

Chinese (中文)

对韩非子来说，政治体制必须随着历史环境的变化而变化是不言而喻的。他说，像儒家那样固守过去过时的方式是愚蠢的。同样不言而喻的是，政治体制要适应人类行为的普遍模式，这不是由道德情感而是由经济和政治条件决定的。在饥荒之年，人们几乎无法养活自己的亲属，而在富足之年，他们会宴请散客--不是因为他们无情和慷慨，而是"因为可以获得的食物数量不同"。在古代，当货物丰富时，人们会轻视它们，但人口增加对资源的压力带来了经济上的匮乏；因此，"今天的人争吵和抢夺"。因此，统治者不应试图使人变好，而只应阻止他们作恶。他也不应该试图"赢得人民的心"，因为人是自私的，他们不知道自己的真正利益。人民的思想就像婴儿的思想一样不可靠。

按照儒家的说法，由于美德赋予了国王统治的权利，错误的统治使这种权利失效。韩非子却有不同的看法。无论统治者的道德品质如何，无论他如何统治，拥有权力就有了要求服从的筹码。"臣服于君，子服于父，妻服于夫"共同构成了"世界上不可改变的原则"。即使人主不称职，也没有臣民敢于侵犯他的特权。此外，政治责任优先于其他责任。据说，一个士兵从战场上跑了出来，因为他认为，如果他被杀了，他就不能再为他的父亲服务。韩非子评论说。"对父亲孝顺的儿子可以成为对统治者的叛徒"。

权力的行使不应异想天开，而应通过统治者颁布的、所有人都必须服从的法律来实现。"聪明的统治者让法律选择人，自己不任意任命；他让法律衡量功绩，自己不任意判断。"他可以改革法律，但是，只要他允许法律存在，他就必须遵守它。

Pinyin (拼音)

Duì hánfēizi lái shuō, zhèngzhì tǐzhì bìxū suízhe lìshǐ huánjìng de biànhuà ér biànhuà shì bù yán ér yù de. Tā shuō, xiàng rújiā nàyàng gùshǒu guòqù guòshí de fāngshì shì yúchǔn de. Tóngyàng bù yán ér yù de shì, zhèngzhì tǐzhì yào shìyìng rénlèi xíngwéi de pǔbiàn móshì, zhè bùshì yóu dàodé qínggǎn ér shì yóu jīngjì hé zhèngzhì tiáojiàn juédìng de. Zài jīhuang zhī nián, rénmen jīhū wúfǎ yǎnghuo zìjǐ de qīnshǔ, ér zài fùzú zhī nián, tāmen huì yànqǐng sān kè--bùshì yīnwèi tāmen wúqíng hé kāngkǎi, ér shì"yīnwèi kěyǐ huòdé de shíwù shùliàng bùtóng". Zài gǔdài, dāng huòwù fēngfù shí, rénmen huì qīngshì tāmen, dàn rénkǒu zēngjiā duì zīyuán de yālì dài láile jīngjì shàng de kuīfá; yīncǐ,"jīntiān de rén zhēngchǎo hé qiǎngduó". Yīncǐ, tǒngzhì zhě bù yìngshìtú shǐ rén biàn hǎo, ér zhǐ yīng zǔzhǐ tāmen zuò'è. Tā yě bù yìng gāi shì tú"yíngdé rénmín de xīn", yīn wéi rén shì zìsī de, tāmen bù zhīdào zìjǐ de zhēnzhèng lìyì. Rénmín de sīxiǎng jiù xiàng yīng'ér de sīxiǎng yīyàng bùkěkào.

Ànzhào rújiā de shuōfǎ, yóuyú měidé fùyǔle guówáng tǒngzhì de quánlì, cuòwù de tǒngzhì shǐ zhè zhǒng quánlì shīxiào. Hánfēizi què yǒu bùtóng de kànfǎ. Wúlùn tǒngzhì zhě de dàodé pǐnzhí rúhé, wúlùn tā rúhé tǒngzhì, yǒngyǒu quánlì jiù yǒule yāoqiú fúcóng de chóumǎ."Chénfú yú jūn, zi fú yú fù, qī fú yú fū"gòngtóng gòuchénglè"shìjiè shàng bù kě gǎibiàn de yuánzé". Jíshǐ rén zhǔ bù chènzhí, yě méiyǒu chénmín gǎnyú qīnfàn tā de tèquán. Cǐwài, zhèngzhì zérèn yōuxiān yú qítā zérèn. Jùshuō, yīgè shìbīng cóng zhànchǎng shàng pǎole chūlái, yīnwèi tā rènwéi, rúguǒ tā bèi shāle, tā jiù bùnéng zài wèi tā de fùqīn fúwù. Hánfēizi pínglùn shuō."Duì fùqīn xiàoshùn de ér zǐ kěyǐ chéngwéi duì tǒngzhì zhě de pàntú".

Quánlì de xíngshǐ bu yīng yìxiǎngtiānkāi, ér yìng tōngguò tǒngzhì zhě bānbù de, suǒyǒu rén dōu bìxū fúcóng de fǎlǜ lái shíxiàn."Cōngmíng de tǒngzhì zhě ràng fǎlǜ xuǎnzé rén, zìjǐ bù rènyì rènmìng; tā ràng fǎlǜ héngliáng gōngjī, zìjǐ bù rènyì pànduàn."Tā kěyǐ gǎigé fǎlǜ, dànshì, zhǐyào tā yǔnxǔ fǎlǜ cúnzài, tā jiù bìxū zūnshǒu tā.

PHILOSOPHICAL THOUGHTS (哲学思想及传播理念)

1	韩非	Hán fēi	Han Fei; Han Feizi, a legalist philosopher
2	弑君	Shì jūn	Regicide
3	统治者	Tǒngzhì zhě	Ruler; sovereign
4	被认为	Bèi rènwéi	Pass for; go for; be supposed to
5	有可能	Yǒu kěnéng	Be on the cards
6	在实践中	Zài shíjiàn zhōng	In practice; in effect
7	陶铸	Táozhù	Mold and educate persons
8	春秋	Chūnqiū	Spring and autumn; year; age; annals
9	意识到	Yìshí dào	Realize; be conscious/aware of
10	多方面	Duō fāngmiàn	Many-sided; in many ways
11	君主	Jūnzhǔ	Monarch; sovereign
12	获益	Huò yì	Get a profit
13	开明	Kāimíng	Enlightened; liberal; open-minded
14	爱护	Àihù	Care; cherish; take good care of; treasure
15	大臣	Dàchén	Minister; secretary
16	劝说	Quànshuō	Persuade; advise; talk into
17	无情	Wúqíng	Merciless; ruthless; heartless; inexorable
18	无为而治	Wúwéi ér zhì	Govern by doing nothing that goes against nature
19	来使	Lái shǐ	Messenger; envoy; envoy from

			another country or state
20	精神力量	Jīngshén lìliàng	Spiritual Strength; moral force; spirit
21	身体素质	Shēntǐ sùzhì	Physical quality
22	不相关	Bù xiāngguān	Uncorrelated
23	自己的	Zìjǐ de	Self
24	表现出	Biǎoxiàn chū	Show; represent; act out
25	感情	Gǎnqíng	Emotion; feeling; sentiment; affection
26	施政	Shīzhèng	Administration
27	行政	Xíngzhèng	Administration
28	完美	Wánměi	Perfect; consummate; flawless
29	无为	Wúwéi	Letting things take their own course; inaction; inactivity
30	强调	Qiángdiào	Stress; emphasize; lay stress on; underline
31	专制	Zhuānzhì	Autocratic; despotic; autocracy
32	可以说	Kěyǐ shuō	It is not too much to say; it is too much to say; so to speak
33	而不是	Ér bùshì	But not; instead of; rather than; other than
34	任何	Rènhé	Any; whichever; whatever
35	精神状态	Jīngshén zhuàngtài	State of mind; mental outlook; mental state; form
36	尽管如此	Jǐnguǎn rúcǐ	Despite all this; even though; in spite of; for all that
37	还是	Háishì	Still; nevertheless; all the same
38	开始	Kāishǐ	Begin; start; initiate; commence

Chinese (中文)

韩非的哲学从他那个时代的弑君行为出发。戈尔丁写道："《韩非子》中出现的大部分内容都涉及统治者与他的大臣的关系，[他们]被认为是最有可能在实践中对他造成伤害的一方"。韩非引用了陶铸的《春秋》："人君死于病者，不足半也"。如果人的统治者没有意识到这一点，那么失调就会是多方面的，不受约束的。因此说。如果从君主的死亡中获益的人很多，君主就会受到威胁。"

韩非的开明统治者将第 14 章 "如何爱护大臣 "的全部内容用于"劝说统治者对其大臣无情"，通过无为而治来使其大臣感到恐怖。一个统治者的素质，他的 "精神力量、道德水平和身体素质 "都是不相关的。他抛弃了自己的私人理性和道德，不表现出个人感情。重要的是他的施政方法。法（行政标准）不要求统治者的完美。

韩非对 "无为 "的使用可能来自于道教，但他强调专制（"道不以物喜，君不以己悲"）和 "术"，可以说是 "政治控制的实用原则"，而不是任何精神状态。尽管如此，他还是以 "虚静 "开始。

Pinyin (拼音)

Hán fēi de zhéxué cóng tā nàgè shídài de shì jūn xíngwéi chūfā. Gē ěr dīng xiě dào:""Hánfēizi" zhòng chūxiàn de dà bùfèn nèiróng dōu shèjí tǒngzhì zhě yǔ tā de dàchén de guānxì,[tāmen] bèi rènwéi shì zuì yǒu kěnéng zài shíjiàn zhōng duì tā zàochéng shānghài de yīfāng". Hán fēi yǐnyòngle táozhù de "chūnqiū":"Rén jūn sǐ yú bìng zhě, bùzú bàn yě". Rúguǒ rén de tǒngzhì zhě méiyǒu yìshí dào zhè yīdiǎn, nàme shītiáo jiù huì shì duō fāngmiàn de, bù shòu yuēshù de. Yīncǐ shuō. Rúguǒ cóng jūnzhǔ de sǐwáng zhōng huò yì de rén hěnduō, jūnzhǔ jiù huì shòudào wēixié."

Hán fēi de kāimíng tǒngzhì zhě jiāng dì 14 zhāng"rúhé àihù dàchén"de quánbù nèiróng yòng yú"quànshuō tǒngzhì zhě duì qí dàchén wúqíng", tōngguò wúwéi ér zhì lái shǐ qí dàchén gǎndào kǒngbù. Yīgè tǒngzhì zhě de sùzhì, tā de"jīngshén lìliàng, dàodé shuǐpíng hé shēntǐ sùzhì"dōu shì bù xiāngguān de. Tā pāoqìle zìjǐ de sīrén lǐxìng hé dàodé, bù biǎoxiàn chū gèrén gǎnqíng. Zhòngyào de shì tā de shīzhèng fāngfǎ. Fǎ (xíngzhèng biāozhǔn) bù yāoqiú tǒngzhì zhě de wánměi.

Hán fēi duì"wúwéi"de shǐyòng kěnéng láizì yú dàojiào, dàn tā qiángdiào zhuānzhì ("dào bù yǐ wù xǐ, jūn bù yǐ jǐ bēi") hé"shù", kěyǐ shuō shì"zhèngzhì kòngzhì de shíyòng yuánzé", ér bùshì rènhé jīngshén zhuàngtài. Jǐnguǎn rúcǐ, tā háishì yǐ"xū jìng"kāishǐ.

Tao (道)

1	万物	Wànwù	All things on earth; all
2	是非曲直	Shìfēi qūzhí	The right and wrong; merits and demerits; right and wrong, proper and improper; rights and wrongs, truth and falsehood
3	既然	Jìrán	Since; as; now that
4	统治者	Tǒngzhì zhě	Ruler; sovereign
5	坚守	Jiānshǒu	Stick to; hold fast to; stand fast
6	善恶	Shàn è	Good and evil
7	凭借	Píngjiè	Rely on; depend on
8	空虚	Kōngxū	Hollow; void
9	安宁	Ānníng	Peaceful; tranquil; calm; composed
10	事务	Shìwù	Work; routine; affairs; general affairs
11	充实	Chōngshí	Substantial; rich
12	本质	Běnzhí	Essence; nature; innate character; intrinsic quality
13	名称	Míngchēng	Name; designation; nomenclature; definition
14	看看	Kàn kàn	Pretty soon; take a look
15	没有什么	Méiyǒu shé me	Nothing the matter; nothing wrong
16	还原	Huányuán	Return to the original condition or shape
17	存在于	Cúnzài yú	Exist in; consist in; lie in; reside in
18	无形	Wúxíng	Invisible; intangible; imperceptibly; virtually
19	之中	Zhī zhōng	In; in the midst of; among

20	无事可做	Wú shì kě zuò	There is no more to be done
21	黑暗	Hēi'àn	Dark; dim; midnight; reactionary
22	光明	Guāngmíng	Light; bright; promising; openhearted
23	永远不会	Yǒngyuǎn bù huì	Never; when hell freezes over; will never
24	听到	Tīng dào	Listen in; meet the ear; hear; notice
25	话语	Huàyǔ	Utterance
26	审查员	Shěnchá yuán	Inspector; examiner; investigator
27	互相	Hùxiāng	Mutual; each other
28	极致	Jízhì	Ultimate attainment; highest achievement; infinite; super; perfect
29	掩盖	Yǎngài	Cover; conceal; blanket
30	踪迹	Zōngjī	Trail; trace; track
31	隐瞒	Yǐnmán	Conceal; hide; hold back
32	部长	Bùzhǎng	Minister; head of a department
33	追踪	Zhuīzōng	Have in the wind; follow the trail of; track; trace
34	下属	Xiàshǔ	Subordinate; branch
35	局限性	Júxiàn xìng	Boundedness; limitations
36	静观	Jìngguān	Observe quietly watch quietly
37	角色	Juésè	Role; part
38	无差别	Wú chābié	Make no difference
39	那么	Nàme	Like that; in that way
40	理解	Lǐjiě	Understand; comprehend
41	实际	Shíjì	Reality; practice; practical; realistic
42	纯粹	Chúncuì	Pure; sheer; complete; unadulterated
43	静止	Jìngzhǐ	Static; motionless; at a standstill

| 44 | 正确 | Zhèngquè | Exactness; correct; right; proper |

Chinese (中文)

道是万物之始，是是非曲直的标准。既然如此，聪明的统治者通过坚守初心，知道万物之源，通过坚守标准，知道善恶之本。因此，凭借着空虚和安宁，他等待着自然的进程来执行自己，以便所有的名字将被自己定义，所有的事务将被自己解决。空的时候，他知道充实的本质：静的时候，他成为运动的矫正者。说话的人给自己创造了一个名字；有事情的人给自己创造了一个形式。比较形式和名称，看看它们是否相同。然后，统治者将发现没有什么可担心的，因为一切都被还原为现实。

道存在于无形之中；它的功能，存在于不可知之中。空无一物，无事可做--然后从黑暗中看到光明中的缺陷。看而不被看。听，但永远不会被听到。知道，但永远不会被知道。如果你听到任何话语，不要改变它，也不要移动它，而是将它与行为进行比较，看看话语和行为是否一致。让每个官员都有一个审查员。不要让他们互相说话。这样，一切都会被发挥到极致。掩盖踪迹，隐瞒来源。那么，部长们就无法追踪来源。离开你的智慧，停止你的能力。那么你的下属就无法猜测你的局限性。

明君不分，静观其变，使名（角色）自定，使事自定。如果他是无差别的，那么他就能理解实际是纯粹的，如果他是静止的，那么他就能理解运动是正确的。

Pinyin (拼音)

Dào shì wànwù zhī shǐ, shì shìfēi qūzhí de biāozhǔn. Jìrán rúcǐ, cōngmíng de tǒngzhì zhě tōngguò jiānshǒu chūxīn, zhīdào wànwù zhī yuán, tōngguò jiānshǒu biāozhǔn, zhīdào shàn è zhī běn. Yīncǐ, píngjièzhe kōngxū hé ānníng, tā děngdàizhuó zìrán de jìnchéng lái zhíxíng zìjǐ, yǐbiàn suǒyǒu de míngzì jiāng bèi zìjǐ dìngyì, suǒyǒu de shìwù jiāng bèi zìjǐ jiějué. Kōng de shíhòu, tā zhīdào chōngshí de běnzhí: Jìng de shíhòu, tā chéngwéi yùndòng de jiǎozhèng zhě. Shuōhuà de rén jǐ zìjǐ chuàngzàole yīgè míngzì; yǒu shìqíng de rén jǐ zìjǐ chuàngzàole yīgè xíngshì. Bǐjiào xíngshì hé míngchēng, kàn kàn tāmen shìfǒu xiāngtóng. Ránhòu, tǒngzhì zhě jiāng fāxiàn méiyǒu shé me kě dānxīn de, yīn wéi yīqiè dōu bèi huányuán wèi xiànshí.

Dào cúnzài yú wúxíng zhī zhōng; tā de gōngnéng, cúnzài yú bùkě zhīzhī zhōng. Kōng wú yī wù, wú shì kě zuò--ránhòu cóng hēi'àn zhòng kàn dào guāngmíng zhōng de quēxiàn. Kàn ér bù bèi kàn. Tīng, dàn yǒngyuǎn bù huì bèi tīng dào. Zhīdào, dàn yǒngyuǎn bù huì bèi zhīdào. Rúguǒ nǐ tīng dào rènhé huàyǔ, bùyào gǎibiàn tā, yě bùyào yídòng tā, ér shì jiāng tā yǔ xíngwéi jìnxíng bǐjiào, kàn kàn huàyǔ hé xíngwéi shìfǒu yīzhì. Ràng měi gè guānyuán dōu yǒu yīgè shěnchá yuán. Bùyào ràng tāmen hùxiāng shuōhuà. Zhèyàng, yīqiè dūhuì pī fā huī dào jízhì. Yǎngài zōngjī, yǐnmán láiyuán. Nàme, bùzhǎngmen jiù wúfǎ zhuīzōng láiyuán. Líkāi nǐ de zhìhuì, tíngzhǐ nǐ de nénglì. Nàme nǐ de xiàshǔ jiù wúfǎ cāicè nǐ de júxiàn xìng.

Míngjūn bù fēn, jìngguān qí biàn, shǐ míng (juésè) zì dìng, shǐ shì zì dìng. Rúguǒ tā shì wú chābié de, nàme tā jiù néng lǐjiě shíjì shì chúncuì de, rúguǒ tā shì jìngzhǐ de, nàme tā jiù néng lǐjiě yùndòng shì zhèngquè de.

"GO DEEP INTO" DOCTRINE (深入教义)

1	道德经	Dàodé jīng	Dao De Jing: The Classic of the Virtue of the Tao (by the ancient philosopher Lao Zi)
2	断言	Duànyán	Say with certainty; assert categorically; affirm; declare
3	可能是	Kěnéng shì	May be; Might be; probable
4	专注于	Zhuānzhù yú	Concentrate on; focus on; be absorbed in
5	司马迁	Sīmǎqiān	Sima Qian (163-85 BC), famous historian; author of Shi Ji (Historical Records)
6	言论	Yánlùn	Opinion on public affairs; views on politics
7	儒家	Rújiā	The Confucian school
8	正名	Zhèngmíng	Rectification of name
9	相一致	Xiāng yīzhì	Correspond to, be consist with
10	特别是	Tèbié shì	Particular; special
11	惩罚	Chéngfá	Punish; penalize; punishment
12	奖励	Jiǎnglì	Encourage and reward; award; reward
13	前任	Qiánrèn	Predecessor; precursor
14	自主	Zìzhǔ	Act on one's own; be one's own master; decide for oneself; keep the initiative in one's own hands
15	大臣	Dàchén	Minister; secretary
16	起草	Qǐcǎo	Draft; draw up; compose; write out
17	标准化	Biāozhǔn huà	Standardization; standardizing; normalizing; unification
18	法律术语	Fǎlǜ shùyǔ	Legal parlance; legal terms; legal

			terminology
19	原意	Yuányì	Meaning; original intention
20	后者	Hòu zhě	The latter
21	约束力	Yuēshù lì	Binding force
22	声明	Shēngmíng	State; declare; announce; statement
23	发挥作用	Fāhuī zuòyòng	Produce a marked effect; be effective
24	命名	Mìngmíng	Nominate; nomenclature; name
25	提议	Tíyì	Propose; suggest; move
26	他们的	Tāmen de	Their; theirs
27	委托	Wěituō	Entrust; trust; bail; authorize
28	履行	Lǔxíng	Perform; fulfil; carry out
29	言行	Yánxíng	Words and deeds; statements and actions
30	成就	Chéngjiù	Achievement; accomplishment; attainment; success
31	结果是	Jiéguǒ shì	Issue; to come out
32	原来	Yuánlái	Original; former; in the first place
33	主张	Zhǔzhāng	Proposal; opinion; assertion; view
34	口头承诺	Kǒutóu chéngnuò	Oral promise
35	不相称	Bù xiāngchèn	Unbecoming; ill-matched; unsuited; out of proportion
36	越俎代庖	Yuèzǔ dàipáo	Do something for others; exceed one's authority; exceed one's duties and meddle in others' affairs; take another's job into one's own hands
37	邀功	Yāogōng	Take credit for someone else's achievements

Chinese (中文)

韩非对《道德经》的评论断言，无视角的知识--绝对的观点--是可能的，尽管这一章可能是他较早的著作之一。

韩非是出了名的专注于他所说的兴明，司马迁和刘向将其定义为"使实际结果对明（言论）负责。"与儒家和墨家的正名相一致，这与儒家传统有关，在儒家传统中，一个承诺或保证，特别是与政府目标有关的承诺或保证，会带来惩罚或奖励，尽管他和他的前任沈不海的哲学所强调的严格、集中的控制与儒家的自主大臣的思想相冲突。

兴明可能是指法律的起草和实施以及标准化的法律术语，兴明的原意可能是"惩罚和名称"，但强调的是后者。它通过有约束力的声明（明）发挥作用，就像法律合同。"命名"人们到（客观确定的）职位，它根据提议的工作描述以及结果是否符合他们的言论所委托的任务来进行奖励或惩罚，这是真正的大臣所履行的。

韩非坚持言行之间的完美一致。工作的完成、成就或结果是其承担的固定形式（兴），然后可以作为标准来对照原来的主张（明）。主张大而成就小，与原来的口头承诺不相称，而成就大则越俎代庖，邀功。

Pinyin (拼音)

Hán fēi duì "dàodé jīng" de pínglùn duànyán, wú shìjiǎo de zhīshì--juéduì de guāndiǎn--shì kěnéng de, jǐnguǎn zhè yī zhāng kěnéng shì tā jiào zǎo de zhùzuò zhī yī.

Hán fēi shì chūle míng de zhuānzhù yú tāsuǒ shuō de xìng míng, sīmǎqiān hé liú xiàng jiāng qí dìngyì wèi"shǐ shíjì jiéguǒ duì míng (yánlùn) fùzé."Yǔ rújiā hé mòjiā de zhèngmíng xiāng yīzhì, zhè yǔ rújiā chuántǒng yǒuguān, zài rújiā chuántǒng zhōng, yīgè chéngnuò huò bǎozhèng, tèbié shì yǔ zhèngfǔ mùbiāo yǒuguān de chéngnuò huò bǎozhèng, huì dài lái chéngfá huò jiǎnglì, jǐnguǎn tā hé tā de qiánrèn chén bù hǎi de zhéxué suǒ qiángdiào de yángé, jízhōng de kòngzhì yǔ rújiā de zìzhǔ dàchén de sīxiǎng xiāng chōngtú.

Xìng míng kěnéng shì zhǐ fǎlǜ de qǐcǎo hé shíshī yǐjí biāozhǔnhuà de fǎlǜ shùyǔ, xìng míng de yuányì kěnéng shì"chéngfá hé míngchēng", dàn qiángdiào de shì hòu zhě. Tā tōngguò yǒu yuēshù lì de shēngmíng (míng) fāhuī zuòyòng, jiù xiàng fǎlǜ hétóng. "Mìngmíng"rénmen dào (kèguān quèdìng de) zhíwèi, tā gēnjù tíyì de gōngzuò miáoshù yǐjí jiéguǒ shìfǒu fúhé tāmen de yánlùn suǒ wěituō de rènwù lái jìnxíng jiǎnglì huò chéngfá, zhè shì zhēnzhèng de dàchén suǒ lǚxíng de.

Hán fēi jiānchí yánxíng zhī jiān de wánměi yì zhì. Gōngzuò de wánchéng, chéngjiù huò jiéguǒ shì qí chéngdān de gùdìng xíngshì (xìng), ránhòu kěyǐ zuòwéi biāozhǔn lái duìzhào yuánlái de zhǔzhāng (míng). Zhǔzhāng dà ér chéngjiù xiǎo, yǔ yuánlái de kǒutóu chéngnuò bù xiāngchèn, ér chéngjiù dà zé yuèzǔdàipáo, yāogōng.

REPUTATION (韩非的明君令名自名，事自定)

1	专注于	Zhuānzhù yú	Concentrate on; focus on; be absorbed in
2	正名	Zhèngmíng	Rectification of name
3	相一致	Xiāng yīzhì	Correspond to, be consist with
4	特别是	Tèbié shì	Particular; special
5	惩罚	Chéngfá	Punish; penalize; punishment
6	前任	Qiánrèn	Predecessor; precursor
7	大臣	Dàchén	Minister; secretary
8	起草	Qǐcǎo	Draft; draw up; compose; write out
9	标准化	Biāozhǔn huà	Standardization; standardizing; normalizing; unification
10	法律术语	Fǎlǜ shùyǔ	Legal parlance; legal terms; legal terminology
11	原意	Yuányì	Meaning; original intention
12	后者	Hòu zhě	The latter
13	约束力	Yuēshù lì	Binding force
14	发挥作用	Fāhuī zuòyòng	Produce a marked effect; be effective
15	命名	Mìngmíng	Nominate; nomenclature; name
16	提议	Tíyì	Propose; suggest; move
17	他们的	Tāmen de	Their; theirs
18	言论	Yánlùn	Opinion on public affairs; views on politics; expression of one's political views; speech
19	奖励	Jiǎnglì	Encourage and reward; award; reward
20	言行	Yánxíng	Words and deeds; statements and

			actions
21	结果是	Jiéguǒ shì	Issue; to come out
22	主张	Zhǔzhāng	Proposal; opinion; assertion; view
23	口头承诺	Kǒutóu chéngnuò	Oral promise
24	不相称	Bù xiāngchèn	Unbecoming; ill-matched; unsuited; out of proportion
25	越俎代庖	Yuèzǔ dàipáo	Do something for others; exceed one's authority; exceed one's duties and meddle in others' affairs; take another's job into one's own hands
26	邀功	Yāogōng	Take credit for someone else's achievements
27	统治者	Tǒngzhì zhě	Ruler; sovereign
28	背叛	Bèipàn	Betray; forsake; rebel
29	一致性	Yīzhì xìng	Uniformity; consistence; consistency; homogeneity
30	意味着	Yìwèizhe	Signify; mean; imply; purport
31	话语	Huàyǔ	Utterance
32	成就	Chéngjiù	Achievement; accomplishment
33	受到惩罚	Shòudào chéngfá	Be punished
34	据称	Jù chēng	Allegedly; according to reports/assertions; it is said
35	履行职责	Lǚxíng zhízé	Discharge of duty; execution of duty
36	上级	Shàngjí	Higher level; higher-ups; higher authorities; in higher position of responsibility
37	崇高	Chónggāo	Lofty; sublime; high

38	迫使	Pòshǐ	Force; oblige; compel; enforce
39	下级	Xiàjí	Lower level; subordinate
40	行事	Xíngshì	Act; handle matters
41	专制	Zhuānzhì	Autocratic; despotic; autocracy
42	要素	Yàosù	Essential factor; key element; part; element
43	本体	Běntǐ	Thing-in-itself; body
44	最重要	Zuì zhòngyào	Most important; the most important; principal
45	最初	Zuìchū	Prime; initial; first
46	统一性	Tǒngyī xìng	Unity
47	界定	Jièdìng	Define; delimit; specify the limits; definition; defining
48	职能	Zhínéng	Function
49	解释	Jiěshì	Explain; expound; interpret; explicate
50	客观	Kèguān	Objective
51	规则	Guīzé	Rule; regulation; ordination; prescribed procedure
52	有效性	Yǒuxiào xìng	Availability; effectiveness; validity; significance
53	判断	Pànduàn	Judge; decide; determine; estimate
54	无论什么	Wúlùn shénme	Whatever; whatsoever; no matter what
55	正确	Zhèngquè	Exactness; correct; right; proper
56	推荐	Tuījiàn	Recommend; recommendation
57	具体	Jùtǐ	Concrete; specific; particular
58	机械式	Jīxiè shì	Mechanical
59	责任制	Zérèn zhì	Responsibility system; system of job responsibility; accountability

60	隐含	Yǐn hán	Implication
61	二分法	Èrfēn fǎ	Dichotomy; method of bisection
62	可以说	Kěyǐ shuō	It is not too much to say; it is too much to say; so to speak
63	语言学家	Yǔyán xué jiā	Linguist; philologist; linguistic scientist
64	后来	Hòulái	Afterwards; later; then
65	而不是	Ér bùshì	But not; instead of; rather than; other than
66	所谓	Suǒwèi	What is called

Chinese (中文)

韩非对《道德经》的评论断言，无视角的知识--绝对的观点--是可能的，尽管这一章可能是他较早的著作之一。

韩非是出了名的专注于他所说的兴明，司马迁和刘向将其定义为 "使实际结果对明（言论）负责。"与儒家和墨家的正名相一致，与儒家传统有关，在儒家传统中，一个承诺或保证，特别是与政府目标有关的承诺或保证，会带来惩罚或奖励，尽管他和他的前任沈不海的哲学所强调的严格、集中的控制与儒家的自主大臣的思想相冲突。

兴明可能是指法律的起草和实施以及标准化的法律术语，兴明的原意可能是 "惩罚和名称"，但强调的是后者。它通过有约束力的声明（明）发挥作用，就像法律合同。"命名 "人们到（客观确定的）职位，它根据提议的工作描述以及结果是否符合他们的言论所委托的任务来进行奖励或惩罚，这是真正的大臣所履行的。

韩非坚持言行之间的完美一致。工作的完成、成就或结果是其承担的固定形式（兴），然后可以作为标准来对照原来的主张（明）。主张大而成就小，与原来的口头承诺不相称，而成就大则越俎代庖，邀功。

· 韩非的"明君""命名自名，命事自定"

"如果统治者希望结束背叛，那么他就会考察兴（形式/标准）与主张的一致性。这意味着要确定话语是否与工作不同。一个大臣提出了他的言论，根据他的言论，统治者给他分配了工作。然后统治者让大臣对成就负责，这完全是基于他的工作。如果成就符合他的工作，而工作符合他的话，那么他就会得到奖励。如果成就不符合他的工作，工作也不符合他的话，那么他就会受到惩罚。

据称，用名字来要求现实，为履行职责提供检查，并自然导致强调上级的崇高地位，迫使下级以后者的方式行事。

韩非认为兴明是专制的一个基本要素，他说："在假设本体的方式中，名字是最重要的。他强调，通过这个最初由沈不海开发的系统，可以发展语言的统一性，可以严格界定职能以防止冲突和腐败，可以建立不受不同解释影响的客观规则，只以其有效性来判断。无论什么情况带来的都是正确的道。

虽然推荐使用沈不海的技术，但韩非的"兴明"既窄得多，也更具体。韩非的机械式责任制中所隐含的功能二分法在沈氏的责任制中并不容易隐含，可以说它更符合汉代语言学家徐干后来的思想，而不是沈不海或他的所谓老师荀况的思想。

Pinyin (拼音)

Hán fēi duì "dàodé jīng" de pínglùn duànyán, wú shìjiǎo de zhīshì--juéduì de guāndiǎn--shì kěnéng de, jǐnguǎn zhè yī zhāng kěnéng shì tā jiào zǎo de zhùzuò zhī yī.

Hán fēi shì chūle míng de zhuānzhù yú tāsuǒ shuō de xìng míng, sīmǎqiān hé liú xiàng jiāng qí dìngyì wèi"shǐ shíjì jiéguǒ duì míng (yánlùn) fùzé."Yǔ rújiā hé mòjiā de zhèngmíng xiāng yīzhì, yǔ rújiā chuántǒng yǒuguān, zài rújiā chuántǒng zhōng, yīgè chéngnuò huò bǎozhèng, tèbié shì yǔ zhèngfǔ mùbiāo yǒuguān de chéngnuò huò bǎozhèng, huì dài lái chéngfá huò jiǎnglì, jǐnguǎn tā hé tā de qiánrèn chén bù hǎi de zhéxué suǒ qiángdiào de yángé, jízhōng de kòngzhì yǔ rújiā de zìzhǔ dàchén de sīxiǎng xiāng chōngtú.

Xìng míng kěnéng shì zhǐ fǎlǜ de qǐcǎo hé shíshī yǐjí biāozhǔnhuà de fǎlǜ shùyǔ, xìng míng de yuányì kěnéng shì"chéngfá hé míngchēng", dàn qiángdiào de shì hòu zhě. Tā tōngguò yǒu yuēshù lì de shēngmíng (míng) fāhuī zuòyòng, jiù xiàng fǎlǜ hétóng. "Mìngmíng"rénmen dào (kèguān quèdìng de) zhíwèi, tā gēnjù tíyì de gōngzuò miáoshù yǐjí jiéguǒ shìfǒu fúhé tāmen de yánlùn suǒ wěituō de rènwù lái jìnxíng jiǎnglì huò chéngfá, zhè shì zhēnzhèng de dàchén suǒ lǚxíng de.

Hán fēi jiānchí yánxíng zhī jiān de wánměi yì zhì. Gōngzuò de wánchéng, chéngjiù huò jiéguǒ shì qí chéngdān de gùdìng xíngshì (xìng), ránhòu kěyǐ zuòwéi biāozhǔn lái duìzhào yuánlái de zhǔzhāng (míng). Zhǔzhāng dà ér chéngjiù xiǎo, yǔ yuánlái de kǒutóu chéngnuò bù xiāngchèn, ér chéngjiù dà zé yuèzǔdàipáo, yāogōng.

·Hán fēi de"míngjūn""mìngmíngzì míng, mìng shì zì dìng"

"rúguǒ tǒngzhì zhě xīwàng jiéshù bèipàn, nàme tā jiù huì kǎochá xíng (xíngshì/biāozhǔn) yǔ zhǔzhāng de yīzhì xìng. Zhè yìwèizhe yào quèdìng huàyǔ shìfǒu yǔ gōngzuò bùtóng. Yīgè dàchén tíchūle tā de yánlùn, gēnjù tā de yánlùn, tǒngzhì zhě gěi tā fēnpèile gōngzuò. Ránhòu tǒngzhì zhě ràng dàchén duì chéngjiù fùzé, zhè wánquán shì jīyú tā de gōngzuò. Rúguǒ chéngjiù fúhé tā de gōngzuò, ér gōngzuò fúhé tā dehuà, nàme tā jiù huì dédào jiǎnglì. Rúguǒ chéngjiù bù fúhé tā de gōngzuò, gōngzuò yě bù fúhé tā dehuà, nàme tā jiù huì shòudào chéngfá.

Jù chēng, yòng míngzì lái yāoqiú xiànshí, wèi lǚxíng zhízé tígōng jiǎnchá, bìng zìrán dǎozhì qiángdiào shàngjí de chónggāo dìwèi, pòshǐ xiàjí yǐhòu zhě de fāngshì xíngshì.

Hán fēi rènwéi xìng míng shì zhuānzhì de yīgè jīběn yàosù, tā shuō:"Zài jiǎshè běntǐ de fāngshì zhōng, míng zì shì zuì zhòngyào de. Tā qiángdiào, tōngguò zhège zuìchū yóu shěn bù hǎi kāifā de xìtǒng, kěyǐ fāzhǎn yǔyán de tǒngyī xìng, kěyǐ yángé jièdìng zhínéng yǐ fángzhǐ chōngtú hé fǔbài, kěyǐ jiànlì bù shòu bùtóng jiěshì yǐngxiǎng de kèguān guīzé, zhǐ yǐ qí yǒuxiào xìng lái pànduàn. Wúlùn shénme qíngkuàng dài lái de dōu shì zhèngquè de dào.

Suīrán tuījiàn shǐyòng chén bù hǎi de jìshù, dàn hán fēi de"xìng míng"jì zhǎi dé duō, yě gèng jùtǐ. Hán fēi de jīxiè shì zérèn zhī zhōng suǒ yǐn hán de gōngnéng èrfēn fǎ zài shěn shì de zérèn zhī zhōng bìng bù róngyì yǐn hán, kěyǐ shuō tā gèng fúhé hàndài yǔyán xué jiā xú gàn hòulái de sīxiǎng, ér bùshì chén bù hǎi huò tā de suǒwèi lǎoshī xún kuàng de sīxiǎng.

TWO HANDS ("两只手"的说法)

1	不完全	Bù wánquán	Incomplete; imperfect
2	刑法	Xíngfǎ	Penal code; criminal law; corporal punishment; torture
3	相提并论	Xiāngtí bìnglùn	Put on a par with; be mentioned in the same breath with; be placed in the same category; be regarded as being in the same category
4	官僚	Guānliáo	Bureaucrat
5	很简单	Hěn jiǎndān	Easy; simple
6	主张	Zhǔzhāng	Proposal; opinion; assertion; view
7	惩罚	Chéngfá	Punish; penalize; punishment
8	奖励	Jiǎnglì	Encourage and reward; award; reward
9			
10	举例	Jǔlì	Give an example; cite an instance
11	袍子	Páozi	Robe; gown
12	越权	Yuèquán	Exceed one's power or authority; act beyond one's authority; ultra vires
13	失职	Shīzhí	Neglect one's duty; dereliction of duty; negligence of duty; negligent in the performance of duties
14	比作	Bǐ zuò	Assimilate with; compare to; compared to; liken
15	豹子	Bàozi	Leopard; panther; The Leopard; cheetah
16	爪子	Zhuǎzi	Claw; paw; talon

17	压倒	Yādǎo	Overwhelm; overpower; prevail over
18	一个人	Yīgè rén	One
19	取决于	Qǔjué yú	Be decided by; depend on
20	大臣	Dàchén	Minister; secretary
21	篡夺	Cuànduó	Usurp; seize
22	把手	Bǎshǒu	Handle; holder; hand; knob
23	集中在	Jízhōng zài	Center at
24	统治者	Tǒngzhì zhě	Ruler; sovereign
25	在实践中	Zài shíjiàn zhōng	In practice; in effect
26	意味着	Yìwèizhe	Signify; mean; imply; purport
27	危及	Wéijí	Endanger; imperil
28	主权	Zhǔquán	Sovereign rights; sovereignty
29	逾越	Yúyuè	Exceed; go beyond; pass
30	废除	Fèichú	Abolish; abrogate; annul; annihilate
31	自私	Zìsī	Selfish; self-centered; self-seeking
32	维护公共秩序	Wéihù gōnggòng zhìxù	Preserve public order
33	儒家	Rújiā	The Confucian school
34	亲自	Qīnzì	Personally; in person; oneself
35	依靠	Yīkào	Rely on; depend on
36	分散	Fēnsàn	Disperse; scatter; decentralize; scattering
37	忠实	Zhōngshí	True; faithful; loyal; reliable
38	他自己	Tā zìjǐ	Himself
39	说辞	Shuōcí	Excuse; plea
40	忠臣	Zhōngchén	Official loyal to his sovereign
41	有效地	Yǒuxiào de	To advantage; with advantage; with

			effect
42	削弱	Xuēruò	Weaken; cripple; relax; relaxation
43	降低	Jiàngdī	Reduce; cut down; abate; debase
44	维持	Wéichí	Keep; maintain; preserve; hold
45	奖惩制度	Jiǎngchéng zhìdù	Reward and punishment system; system of rewards and penalties; award and penalty regulation
46	公正	Gōngzhèng	Just; fair; impartial; fair-minded
47	决定	Juédìng	Decide; resolve; make up one's mind; decision
48	预期	Yùqí	Expect; anticipate
49	专家	Zhuānjiā	Specialist; expert; proficient
50	颁布	Bānbù	Promulgate; issue; publish; proclaim

Chinese (中文)

虽然不完全准确，但大多数汉代作品将商鞅与刑法相提并论。它对官僚控制的讨论很简单，主要是主张惩罚和奖励。然而，这"两把"（惩罚和奖励）的使用构成了韩非行政理论的一个主要前提。然而，他将其纳入与兴明有关的"书"（行政技术）理论。举例来说，如果"守帽人"把袍子放在睡着的皇帝身上，他就会因为越权而被处死，而"守袍人"则会因为失职而被处死。"两把"哲学把统治者比作老虎或豹子，它"以其锋利的牙齿和爪子压倒其他动物"（奖励和惩罚）。没有它们，他就像其他任何一个人一样；他的存在取决于它们。为了"避免他的大臣们有任何篡夺的可能"，权力和"法律的把手"必须"不被分享或分割"，将它们完全集中在统治者身上。在实践中，这意味着统治者必须与他的大臣们隔离开来。大臣的提升会危及统治者，他必须与之严格分开。惩罚确认了他的主权；法律消除了任何逾越他的边界的人，无论其意图如何。法律"旨在废除人的自私因素和维护公共秩序"，使人们对自己的行为负责。韩非（在法家中）罕见地呼吁使用学者（法律和方法专家），在这个意义上，他可以和儒家相提并论。统治者不能亲自检查所有官员，必须依靠法律和方法（fa）的分散（但忠实）应用。与申不害和他自己的说辞相反，韩非坚持忠臣（如管仲、商鞅、吴起）的存在，并在他们被提升后有最大的权威。虽然"法家"试图加强统治者的权力，但这一计划有效地削弱了他，将他的作用降低到维持奖惩制度，根据公正的方法决定，并由预期通过使用这些方法保护他的专家颁布。

Pinyin (拼音)

Suīrán bù wánquán zhǔnquè, dàn dà duōshù hàndài zuòpǐn jiāng shāngyāng yǔ xíngfǎ xiāngtíbìnglùn. Tā duì guānliáo kòngzhì de tǎolùn hěn jiǎndān, zhǔyào shi zhǔzhāng chéngfá hé jiǎnglì. Rán'ér, zhè"liǎng bǎ"(chéngfá hé jiǎnglì) de shǐyòng gòuchéngle hán fēi xíngzhèng lǐlùn de yīgè zhǔyào qiántí. Rán'ér, tā jiāng qí nàrù yǔ xìng míng yǒuguān de"shū"(xíngzhèng jìshù) lǐlùn. Jǔlì lái shuō, rúguǒ"shǒu mào rén"bǎ páozi fàng zài shuìzhe de huángdì shēnshang, tā jiù huì yīnwèi yuèquán ér bèi chǔsǐ, ér"shǒu páo rén"zé huì yīnwèi shīzhí ér bèi chǔsǐ."Liǎng bǎ"zhéxué bǎ tǒngzhì zhě bǐ zuò lǎohǔ huò bàozi, tā"yǐ qí fēnglì de yáchǐ hé zhuǎzi yādǎo qítā dòngwù"(jiǎnglì hé chéngfá). Méiyǒu tāmen, tā jiù xiàng qítā rènhé yīgè rén yīyàng; tā de cúnzài qǔjué yú tāmen. Wèile"bìmiǎn tā de dàchénmen yǒu rènhé cuànduó de kěnéng", quánlì hé"fǎlǜ de bǎshǒu"bìxū"bù bèi fēnxiǎng huò fēngē", jiāng tāmen wánquán jízhōng zài tǒngzhì zhě shēnshang. Zài shíjiàn zhōng, zhè yìwèizhe tǒngzhì zhě bìxū yǔ tā de dàchénmen gélí kāi lái. Dàchén de tíshēng huì wéijí tǒngzhì zhě, tā bìxū yǔ zhī yángé fēnkāi. Chéngfá quèrènle tā de zhǔquán; fǎlǜ xiāochúle rènhé yúyuè tā de biānjiè de rén, wúlùn qí yìtú rúhé. Fǎlǜ"zhǐ zài fèichú rén de zìsī yīnsù hé wéihù gōnggòng zhìxù", shǐ rénmen duì zìjǐ de xíngwéi fùzé. Hán fēi (zài fǎ jiāzhōng) hǎnjiàn dì hūyù shǐyòng xuézhě (fǎlǜ hé fāngfǎ zhuānjiā), zài zhège yìyì shàng, tā kěyǐ hé rújiā xiāngtíbìnglùn. Tǒngzhì zhě bùnéng qīnzì jiǎnchá suǒyǒu guānyuán, bìxū yīkào fǎlǜ hé fāngfǎ (fa) de fēnsàn (dàn zhōngshí) yìngyòng. Yǔ shēn bù hài hé tā zìjǐ de shuōcí xiāngfǎn, hán fēi jiānchí zhōngchén (rú guǎnzhòng, shāngyāng, wúqǐ) de cúnzài, bìng zài tāmen bèi tíshēng hòu yǒu zuìdà de quánwēi. Suīrán "fǎ jiā" shìtú jiāqiáng tǒngzhì zhě de quánlì, dàn zhè yī jìhuà yǒuxiào de xuēruòle tā, jiāng tā de zuòyòng jiàngdī dào wéichí jiǎngchéng zhìdù, gēnjù gōngzhèng de fāngfǎ juédìng, bìng yóu yùqí tōngguò shǐyòng zhèxiē fāngfǎ bǎohù tā de zhuānjiā bānbù.

www.QuoraChinese.com

www.ingramcontent.com/pod-product-compliance
Lightning Source LLC
LaVergne TN
LVHW081509060526
838201LV00056BA/3021